LES

NOCES D'OR SACERDOTALES

DE

M. l'abbé J.-L.-P. CASTETS

Chanoine honoraire

Curé-Doyen de Chalais

29 Juin 1859 — 29 Juin 1909

Sanctificabitis annum quinquagesimum ipse est enim jubilæus.

(Levit. XXV. 10.)

ANGOULÊME

IMPRIMERIE M. DESPUJOLS

Rue Tison d'Argence, 3.

—

1909

LES
NOCES D'OR SACERDOTALES

DE

M. l'abbé J.-L.-P. CASTETS

Chanoine honoraire
Curé-Doyen de Chalais

---

29 Juin 1859 — 29 Juin 1909

Sanctificabitis annum quinquagesimum
ipse est enim jubilæus.

(Levit. XXV. 10.)

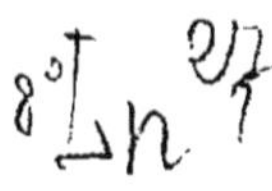

55610

ANGOULÊME
IMPRIMERIE M. DESPUJOLS
Rue Tison d'Argence, 3.

1909

A MONSIEUR LE CHANOINE CASTETS

A SA FAMILLE

A TOUS SES AMIS

A SES CHERS PAROISSIENS

HOMMAGE ET SOUVENIR

LES NOCES D'OR SACERDOTALES

DE

M. l'Abbé J.-L.-Paul CASTETS

Chanoine honoraire
Curé - Doyen de Chalais

———

29 Juin 1859 — 29 Juin 1909

M. Jean-Louis-Paul CASTETS naquit à Brie-de-La Rochefoucauld, le 18 novembre 1834. Il fit ses études au petit séminaire de Richemont et suivit le cours de philosophie au lycée d'Angoulême. Après trois années consacrées à l'étude du droit civil, il entra au grand séminaire en 1856, et fut ordonné prêtre par Sa Grandeur Monseigneur Cousseau, le 29 juin 1859.

Aigre, Cognac, Tourriers, furent les diverses étapes de sa vie sacerdotale avant Chalais, où il arriva en 1874, et qui, depuis 35 ans, devint la scène sur laquelle se déployèrent son zèle et son inlassable activité.

L'année 1909 ne devait pas passer inaperçue dans cette longue carrière, car elle apportait à M. Castets, avec le cinquantième anniversaire de son ordination, la couronne d'or de ses noces sacerdotales.

Chalais comprit ce qu'il devait au vénérable jubilaire, et une charmante fête, dont le souvenir restera longtemps gravé dans la pensée de tous, exprima de la manière la plus démonstrative, les sentiments d'affection, de respect et de vénération, que pasteurs du doyenné et habitants de la gentille petite ville, ont tous pour leur bien-aimé doyen.

Ce fut le 4 juillet dernier qu'eut lieu cette fête. Alors que, dans la plupart des autres paroisses, c'était presque le vide autour du prêtre, la journée était si belle et les fenaisons si en retard, une foule nombreuse s'acheminait vers notre vieille église qui, depuis longtemps, n'avait vu solennité pareille.

Les bulletins religieux du diocèse et les journaux de la région ont su redire tout l'éclat de ces cérémonies.

Qu'il me soit permis de glaner chez les uns et les autres la gerbe de tendresse et de reconnaissance que je voudrais que soit cette petite notice souvenir.

*
* *

Elle était belle et souriante, notre vieille nef toute parée de ses ornements, et, quoique bien vaste, elle était, ce jour-là, trop petite.

Sur la blancheur des piliers de l'entrée du chœur, émergeants de massifs de verdure, se détachent les écussons portant les dates des 29 juin 1859 et 29 juin 1909.

Sur un fond de tenture rouge et or, resplendit l'autel dans le scintillement des lumières et sous l'éclat des fleurs qui mêlent leurs parfums à celui de l'encens ; à gauche, se dresse le trône sur lequel. au milieu de l'émotion générale, vient prendre place le cher jubilaire qui, par suite d'une fâcheuse indisposition et la défense formelle du médecin, n'a pu chanter cette messe d'anniversaire. C'est M. l'abbé Marty, curé de Saint-Christophe, qui monte à l'autel, assisté comme diacre de M. l'abbé Gautriaud, comme sous-diacre de M. l'abbé Blanc, récemment ordonné, et si heureux de faire ce premier acte de sa nouvelle fonction, près du bien-aimé pasteur qui a dirigé ses pas vers le sacerdoce.

Elle fut pieuse cette messe, car tout portait à la piété, et la pompe majestueuse des cérémonies liturgiques et la beauté des chants. Dans la tribune tout un chœur de chanteurs et de chanteuses, tous enfants de Chalais, exécutent magnifiquement la messe de Concone.

C'est le *Kyrie* qui demande humblement et doucement d'abord la miséricorde du Christ, puis qui supplie, qui implore avec instance, qui éclate enfin comme pour forcer la bonté de Dieu. C'est ensuite l'hymne de triomphe, le *Gloria,* chanté simplement et vigoureusement pour annoncer les louanges du Christ. C'est le *Credo,* donné avec toute la fermeté et la conviction des vrais catholiques. C'est le *Sanctus* doux et puissant qui précède la grande merveille : l'Elévation. Alors les voix de l'orgue, des violoncelles et des violons, s'élancent, appellent, se plaignent, se joignent en une ravissante harmonie et nous laissent un instant sous le charme d'une prière ardente qui du cœur vient aux lèvres, s'échappent jusqu'au Christ glorieux que le prêtre offre en sacrifice à notre Dieu et se terminent par un appel troublant en la miséricorde divine dans le chant de l'*Agnus Dei.*

Tout le monde s'est rendu compte de ce que pouvaient le talent et la bonne volonté des Chalaisiens sous une direction dévouée et artistique. L'effet fut ravissant des jolies voix bien claires de nos chanteuses, soutenues admirablement par les voix plus puissantes des hommes. Les chanteuses, dont on connaît depuis longtemps le dévouement, ont mis en effet, pour cette fête, tout leur talent et leur bonne volonté ; on sait maintenant ce que valent l'un et l'autre. Les chanteurs ne leur cèdent en rien ; de la bonne volonté, ils en eurent. Pendant longtemps ils ont sacrifié les heures du repos du soir et de la vie en famille pour assister aux répétitions ; du talent, ils en eurent aussi, MM. Avril, Blanc, Soulet, Sureau, Elie, Céler et Grand ont montré que le timbre d'une bonne voix, joint à une interprétation vraiment juste, est d'une forte puissance sur les auditeurs. M. le Curé a été particulièrement touché du dévouement de ceux qu'avec amour il appelle ses enfants.

**

A vêpres, foule plus nombreuse encore que le matin. Quelle famille ne se rendit pas, ou ne fut pas au moins représentée à cette cérémonie ? M. le Curé de Chalais avait à ses côtés M. le Chanoine Guilbault, archiprêtre de Barbezieux, délégué par Monseigneur, et M. le Chanoine Goumet. Tous les curés du canton et plusieurs autres, ont tenu à témoigner, par leur présence, de leur attachement à leur doyen et à leur ami (1).

Après le chant des vêpres, M. Guibault monte en chaire. Après un magnifique parallèle entre Marie et le prêtre, il montra comment le sacerdoce fait de celui qui en est revêtu, l'intermédiaire entre Dieu et l'homme, le dépositaire de la vérité et le défenseur de la saine morale. Le prêtre, c'est l'homme qui prie, c'est le gardien vigilant, le conseiller des âmes inquiètes, le consolateur des cœurs souffrants, le soutien de la misère humaine. Et c'est toute la vie de leur pasteur, que les auditeurs se voient retracer. Cette vie toute sainte et bonne, où en a-t-il puisé la fécondité ?

---

(1) MM. Marty, Blancard, Menvielle, Gassie, Lauriou, Couston, Carrère, Chaumard, Valats, Raquin, Gautriaud, Fournié-Gorre, Castets, Blanc.

c'est dans le Christ! et sur cette parole, dans un mouvement grandement éloquent, M. l'Archiprêtre, en montrant le divin crucifié, termine son discours.

Mais avant de quitter la chaire, il exprime tous les regrets de Monseigneur l'Évêque de n'avoir pu présider lui-même ce jubilé, et donne lecture de la très pieuse et délicate lettre de Sa Grandeur.

ÉVÊCHÉ   *Angoulême, le 2 juillet 1909.*

D'ANGOULÊME

—

Cher Monsieur le Doyen,

Je suis heureux de m'unir à vous, dans la prière et dans l'action de grâces, en vous envoyant, à l'heure même de vos noces d'or, ma très particulière bénédiction.

Avec vous, cher Monsieur le Doyen, je remercie Dieu de toutes les grâces que vous a values cette précieuse ordination sacerdotale, dont vous fêtez le cinquantième anniversaire, aussi bien que de l'influence surnaturelle qu'elles ont fait rayonner autour de vous, dans l'exercice d'un ministère pastoral toujours digne et toujours estimé.

L'onction qui fait les prêtres est chose si grande et si sainte, qu'on ne saurait trop ni l'apprécier, ni la bénir, surtout dans les longues et fécondes années d'une vie toute donnée à Dieu et aux âmes.

C'est ce que vont faire dans la joie d'une vraie fête de famille, et vos chers paroissiens de Chalais, qui vous aiment et vous vénèrent depuis trente-cinq ans, et les prêtres de votre doyenné qui vous entourent d'une respectueuse et affectueuse sympathie, et les nombreux amis que vous comptez dans les rangs de notre clergé diocésain.

A cette fête de famille, j'ai voulu que la voix du chef du diocèse se fît entendre et cette lettre vous apportera avec son salut cordial, ses félicitations, ses vœux, son témoignage marqué d'estime et d'affection.

En vous remerciant publiquement, cher Monsieur le Doyen, de tout le bien que vous avez fait autour de vous, je demande au bon Dieu de vous faire continuer longtemps encore l'influence salutaire que vous a méritée une vie de bons et loyaux services, consacrés à la cause du Christ et de son Eglise.

Je vous bénis très affectueusement en Notre-Seigneur.

† Henri, Ev. d'Angoulême.

La voix toute voilée par le rhume et aussi, un peu sans doute, par l'émotion, le vénéré doyen laisse parler son cœur. Avec quelle charmante simplicité, il remercie Dieu, sa paroisse, ses prêtres ! Avec quelle modestie, il reporte sur ceux qui l'entourent, le bien qu'il a fait sans compter à tous, dans cette paroisse. Certes, c'est ainsi que parlent les véritables hommes de Dieu, mais qu'il nous permette de le dire, sa bonté, sa charité, son dévouement et son zèle, lui ont seuls mérité cette magnifique explosion de sympathie qui dut être bien douce à son cœur.

Et voilà qu'au milieu de l'émotion générale, douce et vibrante, s'élève la voix du violoncelle préludant le chant du *Panis Angelicus,* de Franck, délicieusement exécuté par Mlle R. Leveau. Puis c'est l'*Ave Maria* sur un air de Bizet, interprété d'une voix chaude et puissante, par Mlle H. Dutreuil. Et les fronts se courbent aux premiers accords d'une harmonie puissante, c'est le *Tantum ergo* de Gluck, que chanteurs et chanteuses, avec accompagnement d'orchestre, murmurent comme une prière avant d'entonner le magnifique cantique final, célébrant les gloires du Seigneur Dieu. La cérémonie religieuse est terminée.

***

Il n'y a pas de noces sans banquet, voilà pourquoi quelques heures plus tard se retrouvaient autour du bon Doyen, et le conseil paroissial (tous de vieux amis), et les confrères du doyenné. Il fut charmant ce repas dans sa simplicité, que vouliez-vous qu'il fût autre chose.

A la fin, M. l'abbé Marty, au nom des prêtres du canton offrant une artistique croix d'argent, exprima avec émotion les sentiments d'estime affectueuse et de reconnaissance qui étaient dans le cœur de tous.

Cher Monsieur le Doyen,

Permettez aux prêtres de votre Doyenné, de venir vous offrir, à l'occasion de votre cinquantenaire sacerdotal, une modeste croix, sur laquelle se trouvent gravés leurs noms, ainsi que les dates inoubliables du 29 juin 1859, 29 juin 1909. Acceptez-là, cher Monsieur le Doyen. Nous sommes si heureux de pouvoir vous faire ce petit cadeau ! C'est un bien faible souvenir de notre part, mais qui vous redira toute notre gratitude et notre plus grande affection.

Si nous n'avions écouté, cher Monsieur le Doyen, que votre modestie et votre grand détachement chrétien pour les honneurs de ce monde, vos noces d'or se seraient passées presque dans le silence. Mais nous ne pouvions vraiment pas, pour le bien et l'édification de la paroisse, laisser passer sans fêter, comme il le mérite, ce cinquantième anniversaire sacerdotal, plein de mérites et d'honneur, comme nous l'a dit si magnifiquement, ce soir à vêpres, notre distingué et bienveillant Archiprêtre de Barbezieux.

Pouvions-nous ne pas nous ressouvenir aussi, en ce beau jour, de cette vie sacerdotale, toute d'édification, de charité et d'abnégation, passée trente-cinq années durant, au milieu de ces chers paroissiens de Chalais ! Voilà pourquoi ce matin et ce soir, par nos chants et nos ferventes prières, nous avons remercié le Dieu trois fois saint, d'avoir bien voulu vous conserver jusqu'ici à l'affection de tous.

Vous avez été, cher Monsieur le Doyen, pour votre troupeau, un modèle de toutes les vertus qui font estimer et chérir le Pasteur. Mais c'est surtout pour tous vos prêtres du Doyenné, que vous avez été un véritable modèle de bonté, de bienveillance et d'aménité. Nous avons eu en vous un frère plutôt qu'un Doyen et toujours un ami dévoué, compatissant et généreux. Que de misères ignorées et que vous avez soulagées !

Que de défaillances vous avez empêchées. Que de services vous avez rendus et toujours de la manière la plus discrète !

C'est donc de notre part, non seulement un devoir de reconnaissance, mais un véritable bonheur de venir vous dire en ce jour, avec toute la sincérité de notre cœur : Merci, mille fois merci, pour tous vos bons conseils si paternels et toujours si éclairés ! Merci pour vos sentiments de la plus haute délicatesse à notre égard ; merci enfin pour vos bontés de toutes sortes que vous n'avez cessé de nous prodiguer.

Que Dieu vous conserve à notre affection, cher Monsieur le Doyen, de longues années encore et vous continue cette santé si précieuse, qu'il vous a départie, afin que vous puissiez, toujours avec le même zèle, remplir votre saint ministère paroissial et gouverner votre Doyenné avec le dévouement tout paternel que vous avez toujours su y apporter. C'est donc avec une piété toute fraternelle et un cœur tout débordant de la plus douce joie que vos chers prêtres du Doyenné de Chalais vous disent en ce jour si mémorable de votre jubilé sacerdotal :

Ad multos annos

M. Laffite, le plus ancien des Fabriciens d'autrefois, au nom des habitants de Chalais, dit l'attachement de tous au prêtre vénéré qui a su faire le bien parmi eux.

Monsieur le Curé,

Le prêtre est le symbole de la charité, l'exemple de la vertu, l'incarnation du sacrifice. Trois mots, que de nos jours, il semble que l'on veuille de plus en plus ignorer. Le bon prêtre est le reproche vivant de nos jouisseurs modernes ; aussi est-il de mode de le méconnaître et de le persécuter.

C'est donc un devoir pour de vrais fidèles, de le soutenir et de l'honorer. Mais ce devoir, Monsieur le Curé, devient un plaisir, je dirai plus, un vrai bonheur, lorsque le pasteur s'appelle Monsieur le Doyen Castets.

C'est pourquoi vos chers paroissiens ont saisi avec un religieux empressement, l'occasion de célébrer vos noces d'or. Il y a cinquante ans, en effet, vous offriez à Dieu les prémices de votre jeune âme de séminariste. Sans doute, vous avez dû, comme chacun de nous en ce monde, payer votre dette aux épreuves et aux tribulations de la vie. Mais la divine Providence en vous amenant parmi nous, avait d'avance semé des fleurs sur votre route : fleurs de respect, fleurs d'affection. Ces fleurs, Monsieur le curé, vous les avez cultivées, vous avez su les entretenir, vous les avez fait épanouir, au souffle de votre inlassable charité. Vous avez pu ainsi marcher parmi vos paroissiens avec une tranquillité parfaite et vous avez vécu avec eux dans une paix jamais troublée.

Cela est rare, Monsieur le Curé, et toute la paroisse aujourd'hui, a essayé de vous témoigner sa reconnaissance.

La belle fête qui va bientôt finir en a été la preuve édifiante. On a beaucoup prié pour vous, on a chanté pour vous les louanges du Seigneur auquel on a demandé de bénir le champ que vous avez travaillé et d'accorder au semeur pieux de longues années encore, pour en recueillir la moisson.

Permettez, Monsieur le Curé, au plus âgé de vos anciens fabriciens, qui, lui aussi, a connu les épreuves et qui sait aimer, de venir au nom de ses chers collègues (et en l'absence de notre ancien Président, M. Condemine, hélas ! retenu à son foyer par la maladie), vous dire aujourd'hui tout le bien que nous pensons de vous et les vœux que nous formons pour votre bonheur.

Je lève mon verre en l'honneur de M. le Chanoine Castets, Curé-Doyen de Chalais, et je bois à la prolongation de ses jours heureux au milieu de ses paroissiens reconnaissants.

Vive Monsieur le Doyen !

Ad multos annos !

Ce fut ensuite M. le docteur Lacour, conseiller général, un ami des anciens jours, qui, avec cette verve et cette originalité que les habitants de Chalais connaissent bien, dit sa joie de cette fête et l'espoir de garder longtemps encore celui qui leur est nécessaire et que l'on ne saurait remplacer.

Monsieur Lacour n'ayant point écrit ce charmant toast, mais ayant tout simplement laissé parler son cœur, nous avons le regret de ne pouvoir le reproduire ici.

A son tour se lève M. l'Archiprêtre. Ancien professeur de rhétorique, se rappelant qu'à Richemont il n'y avait pas de fête sans poésie, il voulut qu'il en fût de même en cette soirée et nous montra que le labeur paroissial n'avait point éteint chez lui l'inspiration et que, curé de Barbezieux, il restait toujours poète. Ce fut avec émotion qu'il lut la délicieuse petite pièce de vers suivante où nous retrouvons toute sa délicatesse et son talent.

Cinquante ans !... Le temps passe, et le cœur garde à peine
Un faible souvenir des jours évanouis !
Il en est un pourtant dont la splendeur lointaine
Vient encore frapper vos regards éblouis...

C'était l'instant rêvé ! La foule était muette,
Le Ciel, avec amour, vers la terre incliné,
Et, le cœur se brisant d'émotion secrète,
Devant l'autel de Dieu vous étiez prosterné....

C'était l'instant rêvé ! Sur vos doigts l'huile sainte
S'épanchait, et le Ciel à votre faible main,
O mystère d'amour, d'allégresse et de crainte,
Confiait, pour jamais, le calice et le pain !

C'était l'instant rêvé ! D'une voix grave et lente,
Au Très Haut des humains portant les humbles vœux,
Le Pontife priait, et votre voix tremblante
Redisait après lui les mots mystérieux.

C'était l'instant rêvé ! Dans la chapelle obscure
Les anges, prosternés, environnaient l'autel ;
Vous étiez là, debout, fragile créature,
Pleurant .. Et dans vos mains vous portiez l'Eternel !

Dieu vous avait sacré pour son œuvre divine ;
Des humbles, des petits, vous fûtes le Pasteur,
Rompant aux affamés le pain de la doctrine,
Et partageant à tous l'amour de votre cœur.

On admirait alors votre verte jeunesse,
De votre âge en sa fleur la virile beauté...
On admire bien plus votre belle vieillesse,
Et de vos cheveux blancs l'auguste majesté...

Puis Chalais vous reçut. Pasteur au cœur fidèle,
Vous veniez à regret vers ce bercail nouveau,
Car vous disiez : C'est Dieu, je le sais, qui m'appelle,
Mais à Tourriers, là-bas, gémit l'ancien troupeau.

Vous pleuriez ; mais si Dieu vous avait fait connaître,
Quel champ fertile ici vous était préparé,
Ah ! la joie eût empli tout votre cœur de prêtre,
Et peut-être en partant n'eussiez-vous point pleuré !

Vous aimâtes Chalais d'une tendresse ardente,
Avec sa belle église, avec son vieux château,
Avec son air coquet et ses sentiers en pente,
Et ses toits s'étageant au penchant du coteau.

Mais ce que vous aimiez surtout c'étaient les âmes ;
Pour elles cet amour vous brûlait comme un feu
Dont chaque jour qui luit voit s'aviver les flammes...
Vous les aimiez : c'était pour les donner à Dieu !

Votre travail fut dur, mais votre œuvre féconde ;
La moisson, par vos soins, jaunissait loin du bruit...
D'autres peut-être alors, sur la scène du monde,
Jetaient beaucoup d'éclat et faisaient peu de fruit.

Prière et dévoûment, patience et courage,
Infatigable amour, voilà tout le secret,
Dût votre modestie en prendre quelque ombrage,
De ces fruits de salut que le ciel admirait.

Parlons plus bas !... Parfois les cœurs étaient de glace;
Et vous alliez alors aux pieds du Crucifix ;
Vous lui disiez : O Maître, épanchez votre grâce,
« Je suis père, et je viens vous prier pour mes fils ».

Puis vous vous élanciez, de grâce les mains pleines,
Les traits tout rayonnants d'une aimable bonté,
Ne comptant point vos pas, ne craignant point vos peines,
A tant de doux attraits qui donc eût résisté ?

Le dimanche, à vos fils assemblés dans le temple,
Vous parliez; vos discours étaient bien éloquents,
Mais le plus beau sermon, ah ! c'était votre exemple,
Et ce sermon sublime a duré cinquante ans !

Il durera toujours ! Car ici, d'âge en âge,
Quand aura lui pour vous l'éternel avenir,
Toujours on gardera, magnifique héritage,
De vos fortes vertus l'émouvant souvenir.

Pour vous, tenant en main la palme qui s'apprête,
A tout ce cher troupeau vous sourirez encor,
Et vous direz : « Venez à la céleste fête,
Venez, gens de Chalais, venez aux noces d'or ! »

Avec son amabilité habituelle, le vénéré jubilaire sut répondre à tous. Il n'eut qu'à laisser parler son cœur. Il eut un mot pour tous, et avec quelle affection il remercia le neveu, j'allais presque dire l'enfant, dont la tendresse et la reconnaissance avaient fait si belle la fête que nous célébrions.

Mais on se hâte, car la journée n'est pas terminée. Les jeunes filles de Chalais ont voulu, elles aussi, témoigner à leur bon curé leur affectueuse reconnaissance et leur profonde vénération, en lui offrant comme dernier bouquet de fête une soirée récréative qui, une fois de plus, dans une salle plus que comble, réunit autour du vénéré Pasteur toute la société Chalaisienne, avide d'applaudir le talent déjà bien connu des jeunes organisatrices de cette soirée, et dont la modestie nous oblige à taire le nom.

Voilà le programme qui fut remarquablement exécuté :

Programme de la Soirée

PREMIÈRE PARTIE

Ouverture, piano.

X, Comédie en 1 acte........ .... Deserbres et Winter.

La Vierge à la Crèche, romance. ...... Clérice.
        Chantée par M. Ch. BLANC.

Chansonnette comique.................... X...
        Chantée par M. SUREAU.

La Jalouse, chanson .... Botrel.
        Chantée par M. SOULET.

Le Docteur Oscar, pièce en un acte...... Antony Mars.

Orphée, air du 4ᵉ acte................... Gluck.
        Chanté par Mᵘᵉ DUTREUIL.

Les Cadres de l'Armée, monologue...... X...
        dit par M. M. CHEVALIER.

Fleurs et Papillons, danse enfantine.

ENTR'ACTE

DEUXIÈME PARTIE

Madame à ses Brevets, pièce en 1 acte.. Valabrègue.

Les Gardes champêtres, chansonnette.. Défides.
        Chantée par MM. BLANC et SOULET.

Par le Sentier, romance................ Ch. Dubois.
        Chantée par Mᵘᵉ Renée LEVEAU.

L'Automobile, monologue .... Bounicot.
        Dit par M. CHEVALIER.

Sigurd, air d'Uta..................... Reyer.
        Chanté par Mᵘᵉ Hélène DUTREUIL.

Madame Bigarot n'y tient pas, ou
   Allons à l'Athénée, pièce en 1 acte.... Docquois et Cresson.

Et maintenant, Monsieur le Doyen, descendez bien lentement, comme on vous le disait, l'autre versant de votre vie sacerdotale. Que le soir de votre sacerdoce ressemble à ces longues soirées d'été où la nuit semble ne vouloir jamais venir, comme si le jour désirait lasser, par sa durée, les travailleurs de nos champs ramassant leurs récoltes.

Vous êtes de ceux que le labeur ne lasse pas. Que Dieu vous garde longtemps à notre respectueuse affection !

Ad multos annos.

M. H. B. R. C.

Angoulême. — Imp. DESPUJOLS, rue Tison-d'Argence, 3.